2
프로메테우스와 판도라

주니어RHK

신화의 가치

신화는 한 민족의 기원이나 역사적 · 종교적 · 문화적 삶의 모습을 보여 주는 옛이야기입니다. 주로 신과 영웅에 관한 이야기가 많고, 오랫동안 입에서 입으로 전해 내려왔다는 특징이 있지요.

우리가 살펴볼 그리스 로마 신화는 고대 그리스와 로마에 전해 오는 신화와 전설을 한데 묶은 것입니다. 그리스 로마 신화는 고대의 삶을 엿보게 해 주는 문화유산일 뿐만 아니라, 세계 여러 나라의 문학과 미술에 큰 영향을 끼쳤습니다. 하지만 문화적 가치만큼이나 중요한 것이 또 있습니다. 오래된 옛이야기이면서도 거기에 담긴 교훈적 가치가 오늘날에도 여전히 쓸모 있고 중요하다는 사실입니다.

놀랍지 않나요? 수천 년 전의 이야기가 어떻게 과학 문명이 고도로 발달한 오늘날에도 통하는 것일까요? 그것은 바로 그리스 로마 신화에 나오는 신과 영웅의 모습이 오늘날 우리의 모습과 다르지 않기 때문입니다. 신들도 우리처럼 분노하고, 질투하고, 실수를 하지요. 그런 모습을 보면서 우리는 깔깔 웃거나 눈물을 흘리고, 교훈과 감동을 얻습니다. 우리가 그리스 로마 신화를 읽어야 하는 까닭이 바로 이것입니다.

신화의 세계로 떠날 여러분에게 한마디 덧붙이자면, 신화는 우리에게 끝없는 상상력을 요구한다는 점입니다. 신화 속에는 수많은 은유와 상징이 곳곳에 널려 있지요. 따라서 신화를 읽을 때에는 상상력을 최대한 발휘하여 신화 속에 숨겨진 의미를 찾고, 그것을 자기 나름대로 재해석하는 과정이 필요합니다. 이렇게 읽었을 때에야 비로소 여러분 앞에 놀라운 삶의 이야기가 펼쳐질 것입니다.

자, 그럼 흥미진진한 신화의 세계 속으로 함께 떠나 볼까요?

제우스를 속이고 인간에게 불을 가져다 준 프로메테우스.
그는 제우스의 분노를 사 영원토록 독수리에게
간이 파먹히는 고통을 당하게 됩니다.
하지만 제우스는 여기서 그치지 않고 인간 여자를 만들어
프로메테우스의 동생 에피메테우스에게 보냅니다.
제우스는 과연 어떤 일을 벌이려는 걸까요?
또 프로메테우스가 사랑한 인간들은 어떻게 될까요?

주요 등장인물

판도라

제우스의 명령으로 헤파이스토스가 만든
최초의 여자예요. 절대 열지 말라고
한 상자를 열어 세상에 온갖 불행을 퍼뜨려요.

제우스

올림포스 신들의 왕으로
하늘과 벼락의 신이에요.
크로노스로부터
형제들을 구해 낸 뒤,
티탄 족과의 싸움에서 승리해
신들의 왕이 돼요.

피라

데우칼리온의 아내로,
남편의 말을 잘 따라요.
홍수에서 살아남아 남편과 함께
세상에 다시 인간을 탄생시켜요.

데우칼리온

프로메테우스의 아들로,
아버지의 명령에 따라
배를 만들어 홍수 속에서
아내와 함께 유일하게
살아남아요.

에피메테우스

프로메테우스의 동생으로,
깨달음이 늦고 충동적인
성격을 지녔어요.
이름의 뜻은 '나중에
생각하는 자'예요.

프로메테우스

티탄 족이지만, 제우스를 섬겨요.
자신이 창조한 인간을 사랑하여
제우스 몰래 불을 전해 주고,
그 때문에 큰 벌을 받아요.

1
벌을 받은 프로메테우스

프로메테우스는 카우카소스 산꼭대기 바위에 묶였습니다.

그리고 날마다 독수리가 날아와 프로메테우스의 간을 쪼아 댔습니다.

그 고통은 이루 말로 할 수 없었습니다.

프로메테우스가 인간들에게 불을 전해 주자, 인간들의 삶은 완전히 달라졌습니다. 음식을 익혀 먹고, 추위에서 벗어날 수 있었지요. 게다가 불을 이용하여 도구도 만들 수 있게 되었습니다.

동물들과는 완전히 다른 삶을 살게 되자 인간들은 점점 *교만해졌습니다. 점점 신들을 두려워하지 않고 자기들 멋대로 행동하게 된 것입니다.

'인간들이 저렇게 교만해지다가는 곧 신들을 우습게 알겠군. 저들을 내버려 두어서는 안 되겠어!'

*교만하다 잘난 체하며 뽐내고 건방지다.

제우스는 인간들을 혼내 주기로 했습니다. 그래서 땅에 비를 내리지 않았습니다. 비가 오지 않자, 인간들의 삶은 엉망이 되었습니다. 인간들은 소를 잡아 제우스에게 제사를 지내기로 했습니다.

"프로메테우스 님, 안 되겠어요! 이러다가는 모두 굶어 죽고 말겠어요. 제우스 님께 제물을 바치고 빌어야겠습니다."

프로메테우스는 인간들이 제우스에게 좋은 고기를 바치느라 고생하는 것이 못내 안타까웠습니다.

"그럼, 이렇게 하도록 해라. 고기 두 더미를 준비하는데 하나는 좋은 고기로 내장과 뼈를 감싸고, 또 하나는 내장으로 좋은 고기를 감싸서 준비하여라."

프로메테우스는 제우스가 좋은 고기로 겉을 감싼 것을 고르면, 내장으로 감싼 좋은 고기는 인간들에게 줄 *속셈이었습니다.

프로메테우스는 고기 두 더미를 가지고 제우스에게 갔습니다.

"제우스 님, 인간들이 마음을 담아 제우스 님께 고기를 바치려고 합니다. 어느 쪽을 선택하시겠습니까?"

"흠. 아무래도 내장보다는 좋은 고기가 낫지."

제우스는 프로메테우스의 생각대로 겉만 좋은 고기로 감싼 내장과 뼈를 골랐습니다.

***속셈** 마음속으로 하는 궁리나 계획.

하지만 얼마 안 가 자신이 속았다는 것을 알게 된 제우스는 불같이 화를 냈습니다.

"감히 겁도 없이 올림포스 신들의 왕인 나를 속였단 말이지."

제우스는 불의 여신 헤스티아에게 소리쳤습니다.

"헤스티아, 인간들에게서 모든 불씨를 빼앗아 오너라."

제우스의 명령에 불의 여신 헤스티아는 인간 세상에 있는 불씨를 모두 올림포스 산으로 불러들였습니다.

인간들은 프로메테우스가 전해 준 불씨들이 모조리 올림포스 산으로 돌아가는데도 멍하니 보고 있을 수밖에 없었습니다.

인간들은 다시 추위에 떨고, 날고기를 먹으며 지내야 했습니다. 프로메테우스는 불을 빼앗긴 인간들이 가여워 견딜 수가 없었습니다.

프로메테우스는 이제 인간들에게 없어서는 안 될 불을 다시 훔치기로 마음먹었습니다. 헤파이스토스의 작업실로 몰래 들어가 불을 훔쳐 인간들에게 주었습니다. 인간들은 다시금 *생기를 찾았지만, 프로메테우스는 제우스가 사실을 알게 되면 어찌 나올지 걱정이 되었습니다.

"에피메테우스, 내게 무슨 일이 생기면 내 아들 데우칼리온을 잘 돌봐 주렴. 그리고 제우스가 선물을 보내도 절대 받지 마라."

프로메테우스는 동생에게 단단히 *당부했습니다.

한편 화가 난 제우스가 소리쳤습니다.

*생기 싱싱하고 힘찬 기운.
*당부하다 말로 단단히 부탁하다.

"한낱 인간들 때문에 나를 속이다니! 당장 프로메테우스를 잡아 오너라."

프로메테우스는 곧 쇠사슬에 꽁꽁 묶여서 제우스 앞으로 끌려왔습니다.

"프로메테우스, 인간들에게 불을 가져다주기 위해 또 날 속여! 너는 신보다 인간들이 더 좋단 말이냐?"

"제우스 님을 화나게 할 생각은 아니었습니다. 다만 제가 만든 인간들이 너무 가여워서 그랬습니다. 용서해 주십시오."

"용서라고? 너는 벌을 받아 마땅하다."

제우스는 화를 내며 소리쳤지만, 프로메테우스는 제우스가 왜 그토록 화를 내는지 이해할 수가 없었습니다.

"힘없는 인간들에게 불을 가져다준 것이 그렇게 큰 죄란 말입니까? 어째서 제우스 님은 인간들이 행복해지는 것을 싫어하십니까?"

"불은 신들만 쓸 수 있는 것이다. 게다가 넌 인간들을 나보다 더 아끼고 사랑하지! 저 녀석을 산꼭대기에 영원히 묶어 두어라."

"제우스 님, 당신의 *권력이 영원하리라고 생각하지 마십시오. 저는 당신의 미래를 알지만 알려 주지 않겠습니다."

프로메테우스가 끌려가며 소리쳤습니다.

"뭐야? 괘씸한 녀석. 날마다 독수리를 보내 저 녀석의 간을 쪼아 먹게 해라. 너는 죽지도 못하고 영원히 고통 받으리라."

제우스는 고래고래 소리를 질렀습니다.

*권력 남을 지배할 수 있는 힘.

고통 받는 프로메테우스

〈묶여 있는 프로메테우스〉 귀스타브 모로

바위에 묶여 있는 프로메테우스의 간을 독수리가 쪼아 먹는 장면이에요. 낮에 독수리에게 쪼인 간은 밤이면 다시 회복되었고, 그 다음 날이면 다시 독수리에게 쪼아 먹혔어요. 이 고통은 위대한 영웅 헤라클레스가 독수리를 죽이고 프로메테우스를 구하기 전까지 끊임없이 되풀이되었답니다.

프로메테우스는 카우카소스 산꼭대기 바위에 묶였습니다. 날마다 독수리가 날아와 프로메테우스의 간을 쪼아 댔습니다. 프로메테우스는 이루 말할 수 없는 고통에 몸부림쳤습니다.

인간을 사랑한 죄로 그토록 끔찍한 형벌을 받으면서도 프로메테우스는 자신의 행동을 결코 후회하지 않았습니다. 그런 프로메테우스의 태도에 제우스는 더욱 화가 났습니다. 제우스는 프로메테우스를 벌주는 것만으로는 성이 차지 않았습니다.

"저 교만한 인간들에게도 벌을 내리고 말겠다."

제우스는 이렇게 중얼거렸습니다.

2
최초의 여자, 판도라

마지막으로 제우스의 차례가 되었습니다.

"나는 너에게 호기심과 함께 이 상자를 주겠다.

하지만 이 상자를 절대 열어서는 안 된다."

이렇게 해서 인간 여자가 탄생하게 되었습니다.

여자의 이름은 판도라로 지어졌습니다.

제우스는 인간들에게 과연 어떤 벌을 내리는 것이 좋을지 한참을 생각했습니다. 드디어 제우스는 빙그레 웃었습니다. 좋은 생각이 떠올랐던 것이지요.

"헤파이스토스를 불러오너라."

제우스의 부름에 헤파이스토스가 황급히 달려왔습니다.

"헤파이스토스, 당장 인간 여자를 하나 만들어라."

"예? 인간 여자를요? 무엇에 쓰려고 하십니까?"

제우스는 대답 대신 씩 웃기만 할 뿐이었습니다.

대장간으로 돌아간 헤파이스토스는 즉시 사람을 만들기 시작했습니다. 헤파이스토스는 무엇이든 최고로 만들 줄 아는 기술자였습니다. 인간을 만들어 내는 것은 그리 어려운 일도 아니었지요. 헤파이스토스는 며칠 만에 인간 여자를 하나 만들어 냈습니다.

제우스는 올림포스의 신들을 불러 모았습니다.

"여기 헤파이스토스가 인간 여자를 만들었소. 모두 한 가지씩 선물을 주었으면 하오. 아, 아프로디테는 최고의 아름다움을 선물로 주면 좋겠군."

"그러지요. 자, 그럼 너는 나를 닮아 인간 세상에서 가장 아름다운 여자가 되어라."

아프로디테가 선물을 주고 나자, 이번에는 헤르메스가 나섰습니다.

"그럼 저는 *재치 있는 말솜씨를 선물하겠어요."

신들은 차례차례 인간 여자에게 선물을 주었습니다. 데메테르는 *모성애를, 헤라는 자존심을, 아폴론은 멋진 노래 솜씨를, 아테나는 손재주를 선물했습니다. 이제 마지막으로 제우스의 차례가 되었습니다.

"나는 너에게 호기심과 이 상자를 주겠다. 하지만 이 상자를 절대 열어서는 안 된다."

이렇게 해서 인간 여자가 탄생하게 되었습니다. 여자의 이름은 판도라로 지어졌습니다.

*재치 눈치 빠른 재주. 또는 능란한 솜씨나 말씨.
*모성애 자식에 대한 어머니의 본능적인 사랑.

인류 최초의 여자, 판도라

'판도라'라는 이름은 '모든 것을 받은 자'라는 뜻이에요. 프로메테우스는 처음 인간을 만들 때 남자밖에 만들지 않았어요. 그래서 제우스가 프로메테우스와 인간들을 좀 더 교묘한 방법으로 벌주기 위해 여자를 만들었다고 해요. 하지만 다른 이야기에서는 신들이 판도라에게 아름다운 외모만 주고, 그 밖에는 갖가지 못되고 고약한 성질을 주었다고 전해지기도 해요.

제우스는 헤르메스에게 명령했습니다.

“헤르메스, 판도라를 에피메테우스에게 데려다 주거라.”

헤르메스는 제우스의 명령에 따라 판도라를 에피메테우스에게 데리고 갔습니다.

“헤르메스, 오랜만이오. 그런데 무슨 일이지요?”

“에피메테우스, 이쪽은 판도라라고 합니다. 제우스 님이 당신에게 주는 선물입니다.”

‘와! 이렇게 아름다울 수가!’

에피메테우스는 판도라의 아름다운 모습을 보고 첫눈에 반했습니다. 전에 프로메테우스가 제우스로부터 어떤 선물도 받지 말라고 한 말은 까맣게 잊어버리고 말았습니다.

3
판도라의 상자

'도대체 그 상자 안에는 뭐가 들어 있을까?
뭐가 들어 있기에 절대로 열어 보지 말라고 한 것일까?'
호기심 많은 판도라는 이런 생각이 날 때마다
그 상자가 열고 싶어서 조바심이 났습니다.

에피메테우스는 판도라와 결혼하여 행복한 나날을 보냈습니다. 형의 말이 떠올라서 가끔 걱정이 되기도 했지만, 아름다운 아내의 미소를 볼 때면 그 걱정은 봄눈 녹듯 사라지곤 했습니다.

어느덧 세월이 흘렀습니다. 두 사람은 여전히 행복했습니다. 하지만 판도라는 제우스가 절대로 열어 보지 말라고 했던 상자가 생각났습니다.

'도대체 그 상자 안에는 뭐가 들어 있을까? 뭐가 들어 있기에 절대로 열어 보지 말라고 한 것일까?'

호기심 많은 판도라는 이런 생각이 날 때마다 그 상자가 열고

싫어서 *조바심이 났습니다.

'안 돼. 안 돼! 제우스 님이 절대로 열지 말라고 하셨잖아.'

판도라는 호기심이 솟구칠 때면
집 밖으로 뛰어나가서 생각을
떨치려고 애썼습니다.

***조바심** 조마조마하여 마음을 졸임.
또는 그렇게 졸이는 마음.

판도라는 한동안 상자에 대해 잊고 지냈습니다. 하지만 문득 상자를 볼 때면 판도라의 마음은 무척 괴로웠습니다. 제우스로부터 판도라가 받은 것은 상자뿐 아니라 호기심도 있었기 때문입니다. 호기심을 참기란 무척 힘든 일이었지요.

'한 번만 살짝 들여다본다고 무슨 일이 생기겠어?'

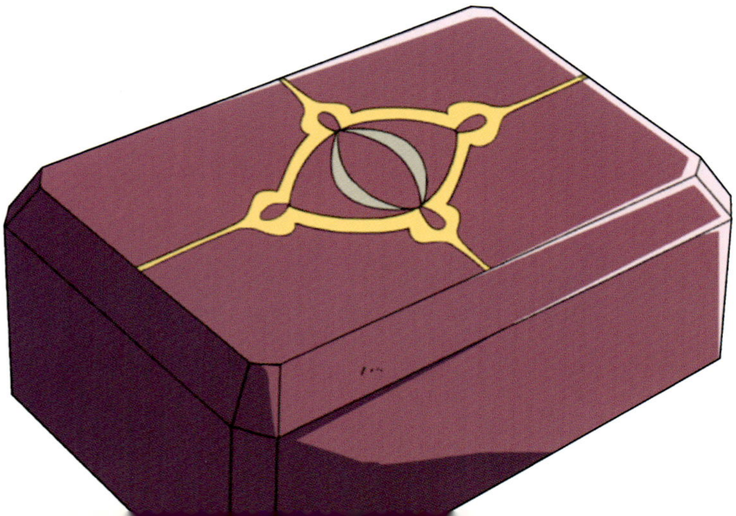

하루에도 몇 번씩 판도라는 갈등했습니다.

'아니야. 안 돼! 제우스 님이 절대로 열어 보지 말라고 했어.'

판도라의 마음속에서는 항상 이 같은 마음들이 나뉘어 서로 싸움을 벌였습니다.

어느 날, 판도라는 호기심 때문에 거의 미칠 지경이 되었습니다. 계속 호기심을 억누르자니 병이 날 정도였습니다. 판도라는 기어코 부들부들 떨리는 손으로 상자를 꺼냈습니다. 판도라의 심장이 두근대는 소리가 밖에까지 들리는 것만 같았습니다.

"아, 더 이상 못 참겠어. 딱 한 번만 살짝 열어 보면 안 될까?"

마침내 판도라는 상자를 열고 말았습니다.

쉬이이익.

무서운 소리와 함께 상자 안에서 무언가 보이지 않는 것들이 빠져나오기 시작했습니다.

"아악! 세상에! 내가 무슨 짓을 한 거지?"

판도라는 놀라서 울부짖었습니다. 상자 안에서는 제우스가 인간들을 벌주기 위해 마련한 온갖 *재앙들이 튀어나왔습니다. 질병, 가난, 불행, 질투, 미움, 복수 등 인간 세상을 혼란에 빠뜨리고 고통스럽게 할 것들이었습니다.

판도라는 후다닥 일어나서 부랴부랴 상자를 닫았습니다. 하지만 나쁜 것들은 이미 상자 안에서 모조리 빠져나오고 난 뒤였습니다. 그런데 이때 상자 안에서 마지막까지 빠져나오지 못한 게 하나 있었습니다. 그것은 바로 '희망' 이었습니다.

*재앙 뜻하지 아니하게 생긴 불행한 일.

상자를 열고 싶은 판도라

〈판도라〉 존 윌리엄 워터하우스

판도라가 상자를 열까 말까 고민하는 모습이에요. 판도라는 제우스가 준 상자를 열어 봄으로써 인간들 사이에 불행을 퍼뜨려요. 하지만 인간이 아무리 불행해도 그 불행을 딛고 일어설 수 있는 것은 바로 상자에 마지막까지 남아 있던 '희망' 덕분이지요. 이 이야기에서 '판도라의 상자'라는 말이 생겨났는데, 이 말은 인류의 불행과 희망을 상징하는 말로 유명해요.

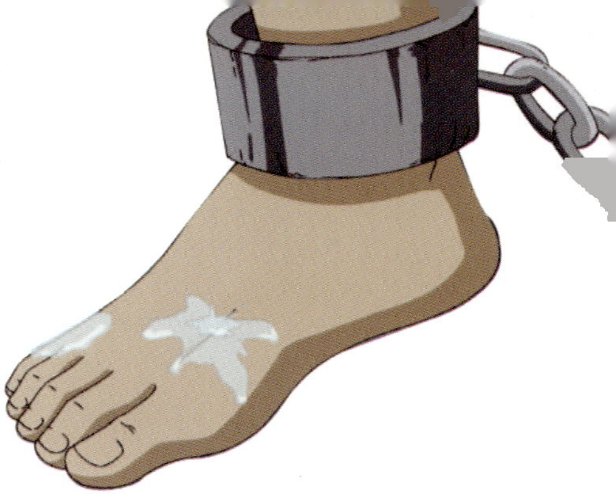

지금까지 평화롭던 세상은 온갖 재앙으로 가득 차게 되었습니다. 사람들은 서로 탓하고, 의심하고, 미워하고 싸우기 시작했습니다. 심지어 서로를 죽이기까지 했습니다.

프로메테우스는 카우카소스 산에서 이 모든 인간 세상의 고통을 지켜보았습니다. 그 모습을 보고 있자니, 인간의 행복을 위해 *처참한 고통까지도 참아 내는 자신이 *한심하게 느껴졌습니다.

"어리석은 에피메테우스, 내가 그렇게 경고했건만 내 말을 귀담아듣지 않다니!"

프로메테우스는 눈을 감고 혼자서 중얼거렸습니다. 그런데 그때 어디선가 부드러운 목소리가 들려왔습니다.

*처참하다 몸서리칠 정도로 슬프고 끔찍하다.
*한심하다 정도에 너무 지나치거나 모자라서 딱하거나 기막히다.

4
풀려난 프로메테우스

"당신은 누구요?"

프로메테우스가 지친 목소리로 물었습니다.

"나는 헤라클레스라고 합니다. 아버지의 명령으로 당신을 구해 주러 왔습니다."

"프로메테우스, 고생이 많군요."

프로메테우스는 깜짝 놀라 고개를 들었습니다. 바로 눈 앞에 신들의 심부름꾼 헤르메스가 장난스럽게 웃고 있었습니다.

"웬일로 날 찾아온 거요? 제우스가 보냈소?"

"아니에요. 쓸데없는 고생을 하고 있는 당신이 안타까워서 당신을 도와주러 왔어요. 빨리 풀려나서 당신이 그토록 사랑하는 인간들에게 돌아가고 싶지 않나요?"

"쓸데없는 소리 말고 당장 돌아가시오."

"저렇게 불쌍하게 살고 있는 인간들을 봐요. 제우스 님은 자신의 앞날을 무척 궁금해 하고 있어요. 당신이 제우스 님의 미래에 대해 알려 주면 내가 가서 당신을 풀어 주라고 설득할게요."

헤르메스의 말에 프로메테우스의 마음도 *누그러졌습니다.

"제우스가 사랑하는 테티스 여신이 만약 제우스의 아들을 낳으면, 그 아들은 제우스보다 더 위대한 신이 될 거요."

헤르메스는 프로메테우스의 말을 듣고는 곧장 제우스에게로 날아가 그 말을 전했습니다.

"뭐라고? 그렇다면 테티스를 멀리해야겠군."

사실 제우스는 자신도 크로노스처럼 자식에게 자리를 내주고 쫓겨날까 봐 불안했습니다.

*누그러지다 딱딱한 성질이 부드러워지거나 약하여지다.

며칠 후 제우스는 아들 헤라클레스를 불러서 이렇게 명령했습니다.

"괘씸하긴 하지만 나의 앞날에 대해 알려 주었으니, 헤라클레스 네가 가서 프로메테우스를 풀어 주어라."

헤라클레스는 곧 카우카소스 산으로 갔습니다.

"당신은 누구요?"

프로메테우스가 지친 목소리로 물었습니다.

"나는 헤라클레스라고 합니다. 아버지의 명령으로 당신을 구해 주러 왔습니다."

헤라클레스는 프로메테우스의 간을 쪼아 먹는 독수리에게 독화살을 쏘아 죽였습니다. 그리고 헤파이스토스가 만든 쇠사슬을 끊어 버렸습니다.

신화 속 최고의 영웅 헤라클레스

제우스와 알크메네의 아들로, 힘이 무척 세고 용맹한 영웅이에요. 태어나기도 전부터 제우스의 부인 헤라의 미움을 받아 힘든 일을 많이 겪어요. 헤라클레스는 모험을 하면서 인간의 힘으로는 할 수 없는 일들을 많이 해냈어요. 특히 에우리스테우스 왕의 명령으로 수행한 '열두 가지 과제'는 아주 유명하지요. 열두 가지 과제 중에는 괴물 히드라를 물리치는 일, 괴물 게리온의 소와 지하 세계의 개 케르베로스를 산 채로 잡는 일 등이 있었어요.

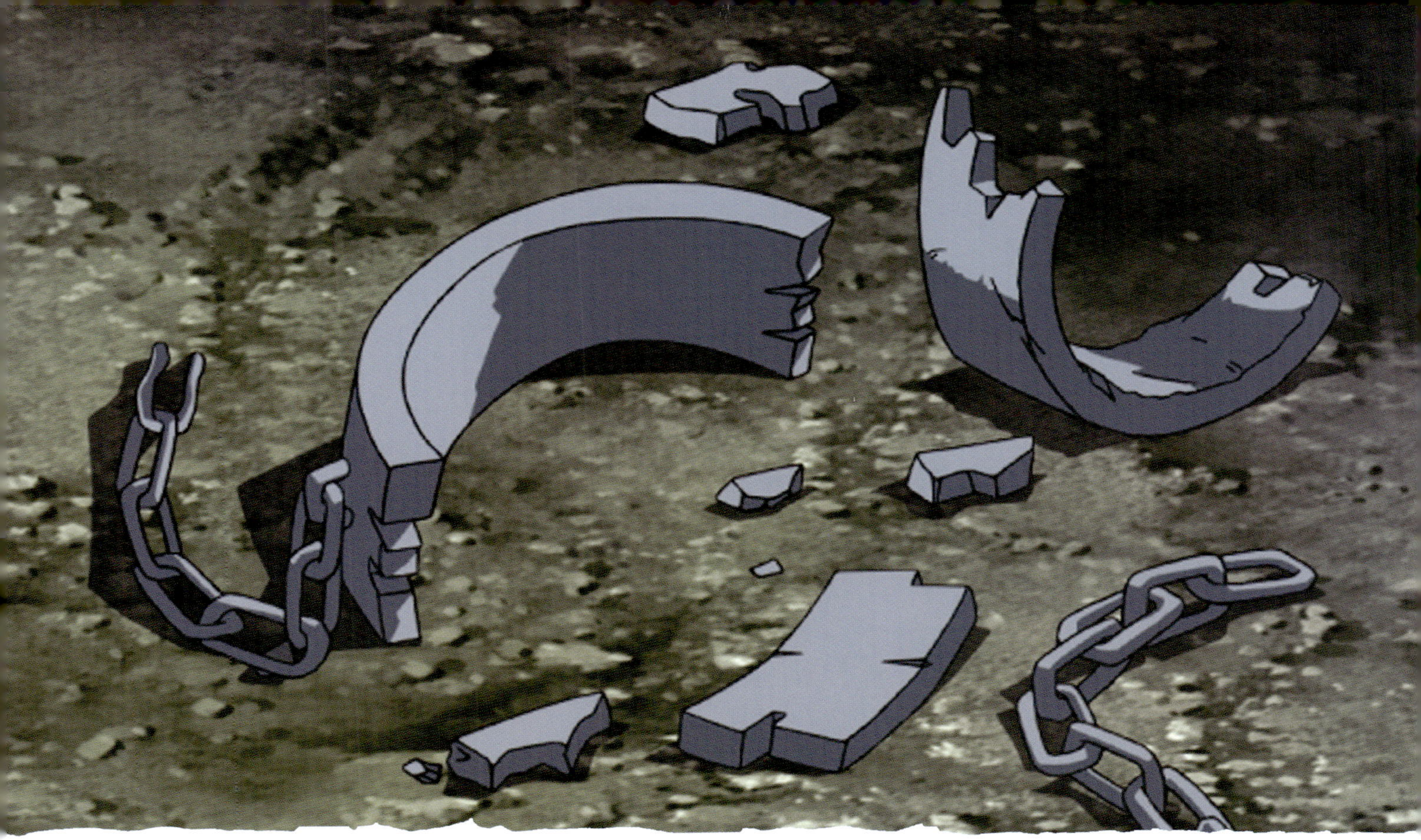

오랫동안 묶여 있던 프로메테우스는 땅바닥에 쓰러져서 한동안 일어설 수조차 없었습니다. 하지만 마음은 벌써 사랑하는 인간들 곁으로 달려가고 있었지요.

프로메테우스는 인간 세상으로 돌아왔지만, 인간들은 여전히 서로 미워하고 질투하고 싸우고 있었습니다. 앞날을 내다볼 수 있는 프로메테우스는 제우스의 벌이 끝나지 않았음을 알았습니다.

'이대로 가다가는 인간들이 *멸망할 거야. 저렇게 다투는 인간들을 제우스가 가만둘 리 없지. 무슨 수를 써야 해.'

프로메테우스는 아들 데우칼리온을 불러서 말했습니다.

"데우칼리온, 배를 만들어라. 그리고 그 배 안에 먹을 것을 잔뜩 채워 넣어라."

"아버지, 갑자기 왜 배가 필요한가요?"

의로운 데우칼리온과 피라

데우칼리온은 프로메테우스의 아들이고, 피라는 에피메테우스와 판도라 사이에서 태어난 딸이에요. 신화에 의하면 데우칼리온은 인간들 중에서 가장 바르게 살아온 사람이었고, 피라는 가장 믿음이 깊었다고 해요. 마치 성경에 나오는 노아와 노아의 아내처럼 말이지요. 데우칼리온이 배를 만든 것도 성경 속 노아가 하느님의 명령으로 방주를 만든 것과 비슷합니다.

*멸망하다 망하여 없어지다.

"지금 당장은 아니라도 곧 필요할 때가 올 것이다. 그러니 서둘러 배를 만들어라."

데우칼리온은 아내 피라와 함께 배를 만들기 시작했습니다.

데우칼리온과 피라가 배를 만드는 것을 보고 사람들은 머리를 갸우뚱했습니다.

“이봐, 물이 어디 있다고 배를 만드는 거지?”

“아버지께서 만들라고 하셨어요. 언젠가 필요할 거라고요.”

데우칼리온의 말에 사람들은 모두 비웃었습니다.

“안됐군. 젊은 나이에 미쳐 버리다니!”

데우칼리온은 아버지가 항상 앞일을 알아맞혔으니 언젠가는 배가 쓸모 있을 거라고 굳게 믿었습니다.

5
새로운 인간의 탄생

두 사람이 돌멩이를 던지자 놀라운 일이 일어났습니다.
다시 땅 위에 인간이 생겨난 것입니다.
피라가 던진 돌멩이는 여자로, 데우칼리온이 던진 돌멩이는
남자로 변했던 것이지요. 두 사람은 계속 돌멩이를 던졌고,
인간은 점점 더 많이 생겨났습니다.

과연 프로메테우스의 생각대로 제우스의 분노는 끝난 것이 아니었습니다.

"감히 신들을 우습게 알고 온갖 나쁜 짓을 저지르다니! 내 직접 인간들에게 큰 벌을 내리겠다."

제우스는 인간들을 향해 벼락을 던지기 시작했습니다. 바다의 신 포세이돈도 합세하여 비를 불러일으켰습니다. 순식간에 엄청나게 많은 비가 내리면서 홍수가 나고, 사람과 동물이 모두 물에 빠져 허우적거렸습니다.

"제발 살려 줘요!"

"도와줘요!"

"사람 살려!"

눈 깜짝할 사이에 인간 세상은 *아수라장으로 변했습니다. 벼락과 *폭우가 모든 것을 집어삼키고 말았습니다.

*아수라장 싸움이나 그 밖의 다른 일로 큰 혼란에 빠진 곳. 또는 그런 상태.
*폭우 갑자기 세차게 쏟아지는 비.

이런 상황에서도 오직 두 사람, 데우칼리온과 피라는 위험에서 벗어날 수 있었습니다. 두 사람은 배 안에 들어가 꼼짝 않고 엎드렸습니다. 배가 어찌나 심하게 흔들리는지 일어나고 싶어도 도저히 일어날 수가 없었습니다.

드디어 비가 그쳤는지 밖이 잠잠해졌습니다. 피라가 입을 열었습니다.

"데우칼리온, 비가 그친 것 같아요. 밖으로 나가 봐요."

데우칼리온과 피라는 조심스레 배 문을 열고 밖으로 나왔습니다. 세상은 아직도 물에 잠겨 있고 저 멀리 파르나소스 산만이 물 위로 솟아 있었습니다.

"파르나소스 산에 배를 대는 게 좋겠소."

데우칼리온과 피라는 배를 저어 파르나소스 산으로 갔습니다.

모든 인간이 물에 휩쓸려 죽고, 이제 세상에 남은 인간이라곤 오직 두 사람뿐이었습니다.

"우리 둘뿐이네요. 앞으로 둘이서만 어떻게 살아가지요?"

피라가 데우칼리온을 보며 눈물을 지었습니다.

그때, 어디선가 목소리가 들려왔습니다.

"데우칼리온과 피라, 나는 테미스 여신이다. 너희가 다시 인간 세상을 일으키고 싶다면 어머니의 뼈를 등 뒤로 던져라."

그러고는 더 이상 목소리는 들려오지 않았습니다.

"어머니의 뼈를 던지라는 말이 도대체 무슨 뜻일까요?"

두 사람은 머리를 맞대고 곰똘히 생각했습니다.

"어떻게 어머니의 뼈를 던질 수 있을까요?"

"테미스 여신님이 그러라고 했으니 따를 수밖에요."

"어쩌면 진짜 뼈를 말하는 게 아닐지도 모르오."

두 사람은 생각하고 또 생각했습니다. 한참 후에 데우칼리온이 무릎을 치며 말했습니다.

"어머니는 바로 땅이오. 가이아 여신이 땅을 의미하잖소. 그런데 뼈는 뭐지?"

"음, 그렇다면 뼈는 바로 돌멩이 아닐까요?"

피라의 말에 두 사람은 돌멩이를 잔뜩 주워 앞으로 걸어 나가면서 등 뒤로 하나씩 던지기 시작했습니다.

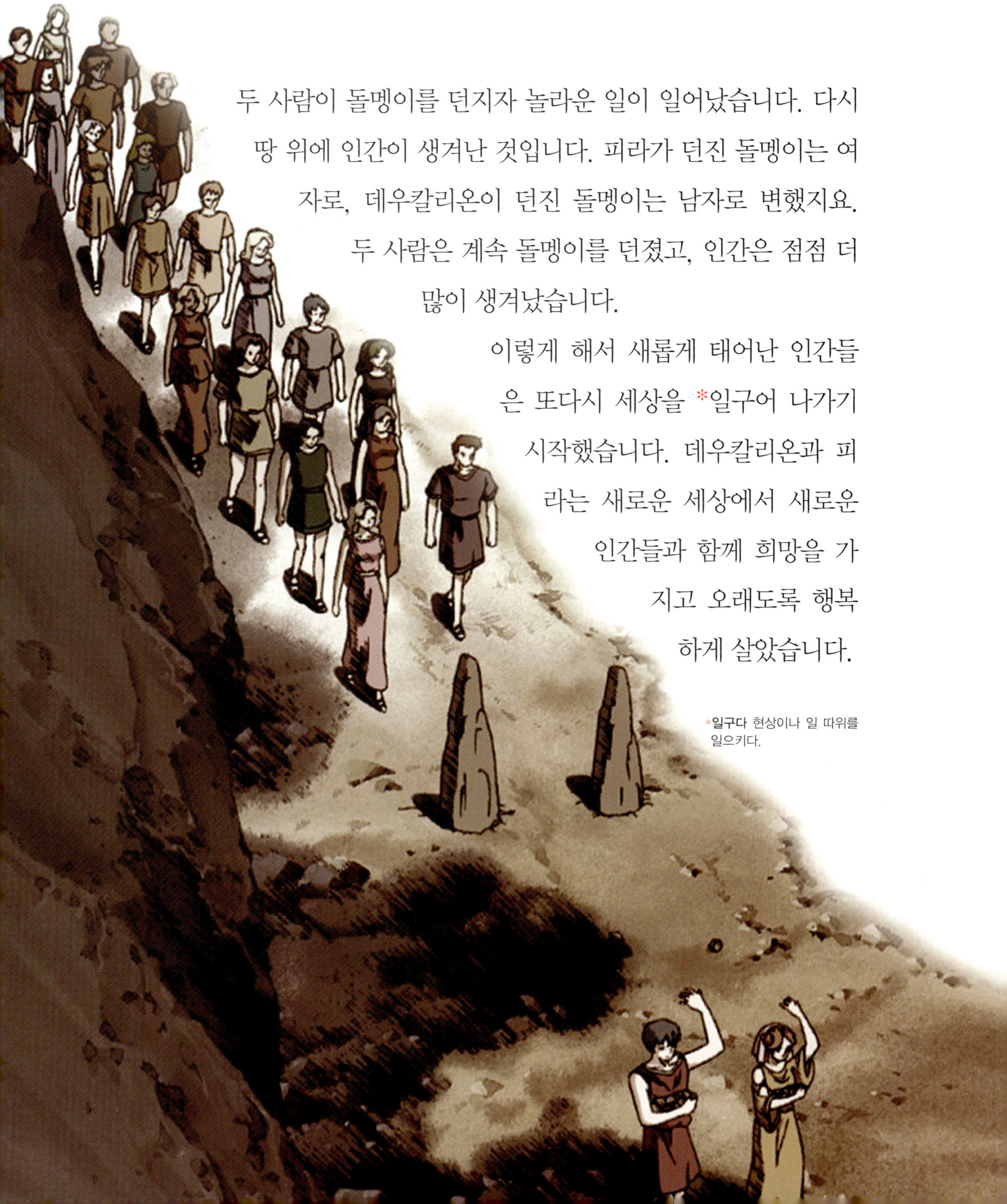

두 사람이 돌멩이를 던지자 놀라운 일이 일어났습니다. 다시 땅 위에 인간이 생겨난 것입니다. 피라가 던진 돌멩이는 여자로, 데우칼리온이 던진 돌멩이는 남자로 변했지요. 두 사람은 계속 돌멩이를 던졌고, 인간은 점점 더 많이 생겨났습니다.

이렇게 해서 새롭게 태어난 인간들은 또다시 세상을 *일구어 나가기 시작했습니다. 데우칼리온과 피라는 새로운 세상에서 새로운 인간들과 함께 희망을 가지고 오래도록 행복하게 살았습니다.

*일구다 현상이나 일 따위를 일으키다.

돌멩이를 던지는 데우칼리온과 피라

〈데우칼리온과 피라〉 안드레아 델 밍가

대홍수 뒤 인간들을 다시 퍼뜨리기 위해 데우칼리온과 피라가 등 뒤로 돌멩이를 던지고 있어요. 그림 뒤쪽을 자세히 보면, 돌이 점차 사람으로 변해서 신전 안으로 들어가는 모습이 보여요.

신화 뒷이야기

OLYMPUS GUARDIAN

옛날 사람들은 인간들이 여러 가지 이유로 고통을 당해야 하는 것을 이해할 수 없었습니다. 그 질문에 대한 답을 신화에서 찾자면, 그것은 바로 신들의 노여움입니다. 신들의 노여움에는 항상 이유가 있었는데, 그것은 인간의 어리석음과 탐욕 때문이었습니다.

결국 신화는 인간이 받는 고통은 인간 스스로에게서 비롯된 것이라고 말하고 있습니다. 따라서 그 고통을 마땅히 감수하고, 고통에서 벗어나기 위해 스스로 노력할 것을 요구합니다.

인간이 가진 근원적 고통에 대한 물음 외에도 이 신화는 우리에게 남성과 여성의 문제에 대해서도 생각해 보게 합니다.

이 신화뿐 아니라 유대교나 기독교에서도 신들의 노여움을 불러일으키는 것은 유독 여자로 그려집니다. 성경에 나오는 선악과를 따 먹은 이브의 예에서도 볼 수 있습니다.

그럼, 왜 이 모든 불행의 원인을 여성에게로 돌린 것일까요? 많은 학자들의 연구에 따르면 먼 옛날, 인류는 여성을 중심으로 모계 사회를 이루고 살았다고 합니다. 그때에는 당연히 여성의 지위가 남성보다도 높았지요. 하지만 점차 힘이 센 남성들이 사냥을 하고 전쟁을 치르면서 여성보다 더 많은 권력을 갖게 됩니다. 그러면서 자연히 모든 불행의 책임을 여성에게로 돌리고, 신화나 전설도 남성들에게 이롭게 만든 것입니다.

이 이야기는 이렇듯 우리에게 많은 문제에 대해 생각해 보게 합니다.

판도라의 상자 속에 '희망'만이 남았다는 이야기는 아무리 불행이 닥치더라도 희망을 잃지 말라는 메시지 또한 전해 주지요.

신화를 읽을 때에는 이처럼 신화 속에 숨겨진 다양한 의미를 찾고, 그것을 해석하는 능력이 필요합니다.

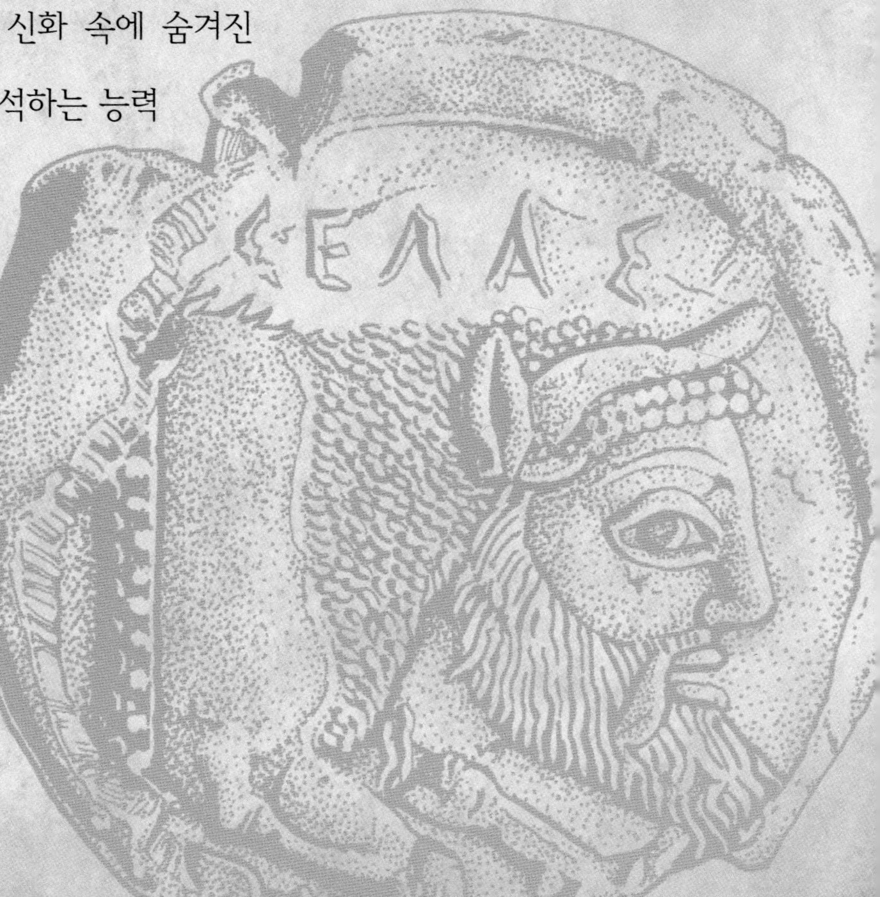

올림포스 신들의 계보

크로노스 + 레아
하데스
지하 세계의 왕
포세이돈
바다의 신
제우스
신들의 왕
헤라
신들의 여왕,
제우스의 아내
헤스티아
난로 · 불의 여신
데메테르
대지의 여신
아테나
지혜 · 전쟁의 여신
제우스 + 메티스
아폴론
의술 · 음악의 신
제우스 + 레토
아르테미스
사냥 · 순결의 여신
아스클레피오스
의술의 신
아레스
전쟁의 신
제우스 + 헤라
헤파이스토스
대장간의 신
제우스 + 디오네
아프로디테
헤파이스토스의 아내,
미의 여신
에로스
사랑의 신
헤르메스
신들의 전령,
상업의 신
제우스 + 마이아
디오니소스
술의 신
제우스 + 세멜레
페르세포네
하데스의 아내
지하 세계의 여왕
제우스 + 데메테르

⚜ 그리스 로마 신화 주요 인물의 이름 ⚜

그리스 어	로마 어	영어
가이아	텔루스	
니케	빅토리아	나이키, 빅토리
데메테르	케레스	세레스
디오니소스	바쿠스	바커스
레아	키벨레	시벨레
아레스	마르스	마스
아르테미스	디아나	다이애나
아테나	아테네, 미네르바	
아폴론	아폴로	아폴로
아프로디테	베누스	비너스
에로스	쿠피드, 아모르	큐피드
오디세우스	울릭세스	율리시스
우라노스	카일루스	유러너스
제우스	유피테르	주피터
크로노스	사투르누스	새턴
페르세포네	프로세르피나	
포세이돈	넵투누스	넵튠
하데스	플루톤	플루토
헤라	유노	주노
헤라클레스	헤르쿨레스	허큘리스
헤르메스	메르쿠리우스	머큐리
헤스티아	베스타	
헤파이스토스	불카누스	벌컨

그리스 로마 신화 올림포스 가디언 2

프로메테우스와 판도라

펴낸이 양원석
펴낸곳 (주)알에이치코리아
등록 2004년 1월 15일 제2-3726호
주소 서울특별시 금천구 가산디지털2로 53, 20층 (한라시그마밸리)
문의전화 02)6443-8800

ISBN 978-89-255-4357-4(74800)
ISBN 978-89-255-4354-3(세트)

값 **12,800원**

원작 만화로 보는 그리스 로마 신화(가나출판사)
이광진 엮음, 홍은영 그림
명화 구입처 유로크레온(주)